KB190702

5대 솔라 성경공부 2

개혁주의생명신학 선언문

오직 그리스도

지은이 **장 종 현**

장종현 박사는 충남 아산시 영인면 성내리 안골에서 농부의 아들로 태어났습니다. 중학교 3학년 때 예수님을 영접한 이후 무릎 꿇고 받은 사명을 감당하기 위해 1976년 11월 1일 "진리가 너희를 자유케 하리라"(요 8:32)는 말씀을 붙잡고 백석학원(백석대학교, 백석문화대학교, 백석예술대학교, 백석대학교평생교육신학원)과 기독교연합신문사를 설립했습니다.

그는 백석학원이 세상에 존재하는 또 하나의 대학이 아니라 오직 하나님의 말씀에 의해서 사람을 변화시키고 영적 생명을 살리는 기독교 대학을 세우기 위해 일평생 헌신하고 있습니다. 그는 개혁주의 5대 표어를 생명처럼 여기면서 신학이 학문으로 전락해서는 안 되고 그리스도의 생명이어야 한다는 것을 깊이 깨닫고 개혁주의생명신학을 주창했습니다. 개혁주의생명신학은 개혁주의신학을 실천하는 운동입니다. 본서는 5대 솔라를 현재의 의미로 재해석해 삶 속에서 적용하도록 안내하는 성경공부 교재입니다.

오직 하나님께 영광!

백석연구소 총서 6-2

5대 솔라 성경공부 2

개혁주의생명신학 선언문 : 오직 그리스도

발행일 2020년 10월 31일 초판 1쇄
지은이 장종현
발행처 백석정신아카데미
　　　　충청남도 천안시 동남구 문암로 76
　　　　전화: 041)550-2090 팩스: 041)550-0450
문제출제 김병국(백석대학교 기독교학부)
펴낸곳 기독교연합신문사(도서출판 UCN)
　　　　등록번호: 제21-347호 등록일자: 1992년 6월 28일
　　　　주소: 서울특별시 서초구 남부순환로 2221 5층
　　　　전화: 02)585-0812 팩스: 02)585-6683
　　　　전자우편: ucndesign@naver.com
디자인·인쇄 기독교연합신문사 디자인실
ISBN 978-89-6006-917-6　93230

5대 솔라 성경공부 2

개혁주의생명신학 선언문

오직 그리스도

장종현 지음

도서
출판

2. 오직 그리스도

교회와 세상을 변화시키는 개혁주의 5대 솔라

500여 년 전 중세교회는 교황의 권위와 교회의 전통을 성경 위에 두는 죄를 범했습니다. 종교개혁자들은 이러한 잘못된 가르침에 맞서 '5대 솔라'의 신앙원리를 정립했습니다. '5대 솔라'는 '오직 성경', '오직 그리스도', '오직 믿음', '오직 은혜', '오직 하나님께 영광'입니다. 이는 성경에 근거한 가르침으로, 개혁주의신학(Reformed Theology)의 핵심입니다. 그러나 오늘의 개혁주의신학은 종교개혁의 정신을 잃어버렸습니다. 학문과 교리는 붙들면서도 말씀에 순종하는 삶은 소홀히 함으로 복음의 생명력을 약화시켰습니다. 참된 신학은 성령의 도우심으로 하나님과 예수 그리스도를 인격적으로 아는 것입니다. 성령의 인도하심을 받지 않는 신학에는 예수 그리스도의 생명이 없습니다. 신학은 학문이 아닙니다. 예수 그리스도의 생명의 복음입니다.

개혁주의신학이 예수 그리스도의 생명을 회복하도록 우리는 '개혁주의생명신학'(Reformed Life Theology)을 주창하고 실천해 왔습니다. 이는 새로운 신학이 아닙니다. 개혁주의생명신학은 교회와 세상을 말씀에 비추어 보아 그릇된 것은 바로잡고 올바른 것은 계승하는 개혁주의신학을 따릅니다. 개혁주의생명신학은 하나님의 말씀 가운데 나타나는 예수 그리스도의 생명의 역사가 회복되기를 소망합니다. 이를 위해 성령의 인도하심을 따라 먼저 자신을 말씀과 기도 가운데 개혁하고, 교회를 예수 그리스도의 생명으로 새롭게 하며, 세상을 예수 그리스도의 복음과 사랑으로 변화시키려 합니다.

우리 총회와 백석학원은 종교개혁 500주년을 맞이하여 새로운 각오와 결단으로 하나님의 말씀인 성경을 근본으로 삼아 『개혁주의생명신학 선언문』(2017년)을 교회와 세상을 향해 내어놓았습니다. 『개혁주의생명신학 선언문』은 장로교를 비롯한 모든 교파들이 수용할 수 있는 '종교개혁의 5대 솔라'를 현재의 의미로 재해석하는 일에 많은 노력을 기울였습니다. 한국교회의 가장 큰 문제인 분열과 세속화를 성경 중심으로 해결할 수 있도록 한 것입니다. '종교개혁의 5대 솔라'는 500년 전에만 효력이 있었던 것이 아니라 성경을 기준으로 살아가는 오늘의 우리에게도 여전히 능력이 있으며, 참된 신앙의 원리임을 재발견하였습니다.

그것은 단지 종교개혁자들의 신앙을 대변하는 구호에 그치지 않고, 우리의 삶 가운데서 살아내야 할 하나님의 생명 있는 말씀임을 확인한 것입니다. 『개혁주의생명신학 선언문』은 무너져가는 한국교회를 16세기 종교개혁의 정신으로 다시 살려내기 위해 '개혁주의 5대 솔라'를 중점적으로 다루고 있습니다. 종교개혁 503주년을 맞이하면서『개혁주의생명신학 선언문』에서 명시하는 개혁주의 5대 솔라를 성도들이 쉽게 연구하면서 삶 속에 적용하기 위한 성경문제집을 발간합니다.

이번에 발간되는『5대 솔라 성경공부』(2020년)는 이미 출판된『백석학원의 설립정신』(2014년)과『개혁주의생명신학 선언문』(2017년),『개혁주의생명신학 7대 실천운동』(2018년)과 개혁주의생명신학 7대 실천운동을 다룬『생명을 살리는 성경공부』(2019)와 함께 '신학은 학문이 아니라 영적 생명을 살리는 복음이며, 나아가 교회와 세상을 변화시키는 마중물이 되어야 한다'는 개혁주의생명신학의 근본 취지를 드러내고 있습니다. 아무쪼록『5대 솔라 성경공부』(2020년)가 500여 년 전에 불같이 일어났던 종교개혁의 참된 정신을 회복하게 하는 불쏘시개가 되어 한국교회를 새롭게 하며, 생명을 살리는 진원지 역할을 감당하는 일에 조금이나마 도움이 되기를 바라는 마음을 담아 본 교재를 세상에 내놓습니다.

2020년 10월 31일
(종교개혁 503주년에 즈음하여)

백석대학교·백석문화대학교·백석예술대학교
백석대학교평생교육신학원·기독교연합신문사

설립자 장종현 박사

1

유일한 구원자이신 그리스도

핵심 성경구절

"그러므로 사람이 의롭다 하심을 얻는 것은 율법의 행위에 있지 않고 믿음으로 되는 줄 우리가 인정하노라"(롬 3:28).

종교개혁시대 '오직 그리스도'의 의미는 그리스도만이 우리의 중보자로서 십자가를 지고 부활하였기 때문에, 성모 마리아나 어떤 사제도 우리의 구원과 기도의 중보자가 될 수 없다는 의미였습니다. '선언문'에서는 예수 그리스도를 주로 고백하는 사람들은 십자가와 부활을 받아들이는 것뿐 아니라, 십자가와 부활의 삶을 살아야 한다고 고백합니다. 우리의 옛 자아를 십자가에 못 박고 예수 그리스도가 주시는 새로운 생명 안에서 살아야 합니다.

- 『개혁주의생명신학 선언문』, 20.

○ 순교자 폴리갑의 신앙 고백

소아시아 서머나 교회의 목회자였던 폴리갑은 주후 155년에 화형을 당해 순교했습니다. 서머나 총독은 폴리갑에게 "로마 황제는 주님이시다"라고 고백을 하도록 강요했지만, 폴리갑은 이를 거부했습니다. 서머나 총독은 "지금이라도 늦지 않았으니 그리스도를 비난하고 그를 모른다고 하시오. 그러면 내가 당신을 풀어줄 것이오"라고 회유했습니다. 하지만 폴리갑은 "내가 86년 동안 예수 그리스도를 섬기고 믿어 왔는데, 그분은 나에게 아무 나쁜 일도 행하지 않으셨소. 그런데 나의 주인이시며 왕이시요 구주이신 분을 내가 어떻게 배반할 수 있겠소?"라고 하며 의연하게 화형을 당해 순교했습니다.

그의 죄목은 '무신론자'였습니다. 하나님을 믿는 자를 무신론자라고 하며 죽였다는 것이 얼른 이해가 되지 않습니다. 당시 로마는 다신론 사회였습니다. 서로가 다른 이들이 섬기는 신을 인정하고 자신의 신도 그런 신들 중 하나일 뿐이라고 말하는 것이 로마인들이 말하는 유신론자의 태도였습니다. 하지만 폴리갑을 비롯한 기독교인들은 그것을 거부했습니다. 신구약 성경이 증거하는 그분만이 하나님이시고, 십자가에서 죽으시고 부활하신 예수님만이 우리의 유일한 구원자이시기 때문입니다. 구원의 길은 오직 하나, 예수님을 믿는 길밖에 없습니다.

1. 왜 폴리갑은 로마의 신들을 신으로 인정하기를 거부한 것일
   까요?

딤전 2:5

기독교는 죄를 무척 심각하게 다룹니다. 죄를 용서함 받아야 천
국에 갈 수 있습니다. 그런데 죄를 용서받을 수 있는 방법은 예수
님을 믿는 것뿐입니다. 다른 방법은 없습니다. 아무리 어려워도
믿음을 지키며 사는 것 외에는 우리가 구원을 얻을 수 있는 다른
방법이 없습니다.

요 3:16

예수님은 하나님의 독생자이십니다. 하나님께서는 우리를 심판
하시기 위해서가 아니라 구원하시기 위해 독생자 예수님을 세상
에 보내 주셨습니다. 그분을 믿는 자는 구원을 얻습니다.

○ **예수님 외에 다른 구원자는 없다**

2. 인간에게 꼭 구원이 필요한가요? 그냥 죽음으로 모든 것이 끝
　나는 것이 아닌가요?

히 9:27 --

어떤 사람들은 죽음이 모든 것의 끝이라고 말합니다. 그러나 성
경은 분명히 죽음 이후에 심판이 있을 것이라고 말씀합니다. 세
상을 어떻게 살았는가에 따라서 그에 대한 심판이 있을 것이라고
성경은 말씀합니다.

요 5:28-29 --

죽음은 결코 우리의 마지막이 아닙니다. 우리는 죽음 이후에 하

나님의 심판이 있음을 알고 책임 있는 자세로 세상을 살아야 합니다. 생명과 심판의 부활 중 어떤 것을 맞게 될지는 지금 우리의 선택에 달려 있습니다.

3. 다른 종교나 철학을 통해서도 구원을 얻을 수 있지 않습니까?

행 4:12 ....

....

예수님 이외의 다른 이로써는 구원을 받을 수 없습니다. 하나님께서 정해 놓으신 구원의 방법은 오직 한 가지, 하나님의 아들이신 예수 그리스도를 믿고 그분을 나의 구주로 영접하는 것입니다. 다른 종교나 철학을 통해서는 절대로 구원을 얻을 수 없습니다.

벧전 1:18-19 ....

....

....

....

왜냐하면 구원을 받아 천국에 가기 위해서는 우리의 모든 죄가 용
서함을 받아야 하는데 죄 용서함은 오직 예수님께서 십자가에서
흘리신 피로만 가능하기 때문입니다. 다른 그 무엇으로도 우리의
죄를 씻을 수 없습니다.

◦ 과학과 문화(문명)는 구원의 수단이 아니다

4. 과학은 궁극적 진리를 제시하지 못하는데 어떤 역할을 합니까?

시 19:1 ---

세상의 창조주는 하나님이십니다. 그렇기 때문에 세상 만물 속에
서 우리는 하나님의 지혜와 지식, 그리고 아름다움을 알아낼 수
있습니다. 그것들을 더 알아갈수록 우리는 하나님을 더 찬미하게
됩니다. 이런 의미에서 과학은 매우 긍정적인 역할을 할 수 있습
니다.

계 14:7 --

그러나 과학에는 한계가 있습니다. 하나님이 창조하신 피조물만
을 귀중하게 여기고 그것들을 창조하신 하나님을 인정하지 않는
다면 그것은 불완전하고 어리석은 일입니다. 요한계시록은 세상
의 피조물이 아니라 그 모든 것들을 만드신 분을 경배하라고 말씀
합니다.

5. 문화(문명)는 참된 만족을 주지 못하는데, 하나님의 영이 충만
   할 때 어떤 일이 일어납니까?

출 35:30-32 --

성막을 만들었던 브살렐과 오홀리압은 오늘날로 말하자면 디자이너와 기술자를 겸한 자들이었습니다. 그들이 하는 일은 성직자의 일이 아니었지만 성경은 그들에게 하나님의 영이 충만했다고 말씀합니다. 기독교 예술은 성령의 역사로 이루어집니다.

창 11:3-4 --

바벨탑은 그 당시 사람들이 최고의 기술과 문명을 사용하여 쌓은 것이었습니다. 그들은 그것을 사용하여 자신들의 목적을 이루려 하였지만 그들이 한 일은 단지 하나님의 진노를 샀을 뿐이었습니다. 하나님을 경외함이 없는 인간의 문화와 문명은 인간에게 구원이 되지 못합니다.

○ 그리스도인으로 살기 위해 우리가 실천할 일들

6. 예수님을 믿고 구원을 얻으려면 어떻게 해야 합니까?

행 2:38 ---

예수님을 믿고 천국에 가기 위해서는 내가 하나님 앞에서 죄인임을 고백하고 죄 사함을 받아야 합니다. 세례를 받느냐의 여부가 구원을 결정하지는 않지만 세례는 하나님과 사람들 앞에서 신앙을 고백하는 행위이므로 꼭 받아야 합니다. 그러면 하나님께서성령을 선물로 주시겠다고 약속하셨습니다.

계 3:20 ---

예수님께서는 우리를 구원하시기 위해 세상에 오셔서 십자가에

못 박혀 죽어 주셨습니다. 그리고 무관심하게 우리를 떠나가신 것이 아니라 우리 각자의 마음 문 밖에서 계속 문을 두드리고 계십니다. 우리는 문을 열고 예수님을 우리들 속으로 영접해야 합니다.

7. 예수님을 믿은 이후에는 어떻게 살아야 합니까?

롬 10:10 --

예수님을 주님으로 모셔 들였다면 입으로 그 사실을 고백하는 삶을 살아야 합니다. 예수님께서는 "누구든지 사람 앞에서 나를 시인하면 나도 하늘에 계신 내 아버지 앞에서 그를 시인할 것이요 누구든지 사람 앞에서 나를 부인하면 나도 하늘에 계신 내 아버지 앞에서 그를 부인하리라"(마 10:32-33)고 말씀하십니다.

약 2:18 --

그리고 행동을 통해서도 믿음을 고백해야 합니다. 진정으로 예수님을 믿는 사람이라면 말과 행동 모두를 통해 그 믿음을 드러내야 합니다. 말로는 고백하면서도 예수님을 믿지 않는 자들과 같은 행동을 한다면 그 믿음은 참된 믿음이 아닐 것입니다.

NOTE

핵심 포인트

죽음은 우리 존재의 끝이 아닙니다. 죽음 이후에는 하나님의 심판이 있습니다. 그리고 영원한 천국과 지옥이 사람들을 기다립니다. 구원을 얻기 위해서는 예수님을 믿어야 합니다. 다른 길은 없습니다. 그리고 예수님을 믿음으로 구원을 얻은 우리는 말과 행동 모두를 통해 그 믿음을 고백하는 삶을 살아야 합니다. 말로만의 고백으로는 부족합니다. 말과 행동으로 우리가 예수님을 주님으로 섬기고 있는 자들임을 드러내야 합니다.

한 주간 기도

하나님 아버지, 우리에게 십자가를 허락해 주셔서 우리를 구원해 주신 것을 감사드립니다. 구원 받은 우리가 말과 행동으로 예수님의 교훈을 잘 실천하게 하여 주옵소서.

한 주간의 실천

말씀의 거울로 본 나의 삶	월	화	수	목	금	토	주일
1. 오늘 전도해야 할 대상자를 위해 기도했는가?							
2. 다른 종교를 가진 이웃들을 위해 기도했는가?							
3. 선교사들을 위해 기도했는가?							
4. 내가 행동을 통해 믿음을 고백할 수 있는 방법에는 어떤 것들이 있을까?							
5. 하나님께서 내게 허락하신 전도의 기회에는 어떤 것들이 있을까?							

2

우리의 비참함과
그리스도의 구원

핵심 성경구절

"내가 곧 길이요 진리요 생명이니 나로 말미암지 않고는 아버지께로 올 자가 없느니라"(요 14:6).

예수 그리스도는 십자가에서 구원 사역을 다 이루시고(요 19:30), 사흘 만에 부활하심으로 부활의 첫 열매가 되셨습니다(고전 15:3-4; 15:20). 예수 그리스도께서는 십자가에서 우리 죄를 사하셨고, 부활을 통해 우리를 의롭게 하신 것입니다(롬 4:25). 이것이 십자가와 부활의 복음입니다. 예수 그리스도의 십자가와 부활의 복음을 전하고 믿을 때, 영혼이 살아나고 교회의 영적 생명력이 회복됩니다.

– 『개혁주의생명신학 선언문』, 64.

○ 올리버 트위스트의 역전 인생

19세기 영국의 작가 찰스 디킨스(Charles Dickens)가 쓴 소설 중에 『올리버 트위스트』(*Oliver Twist*)가 있습니다. 주인공 올리버는 빈민 구제소에서 태어납니다. 아버지는 누구인지 모르고, 어머니는 그를 낳고 나서 곧 숨을 거둡니다. 고아가 된 올리버는 고아원에서 심한 고생을 하며 지냅니다. 어느 날 그는 억울하게 매를 맞고 고아원에서 쫓겨나게 됩니다. 올리버는 장의사 가게에서 일하게 되지만 그곳에서도 억울한 일을 당한 올리버는 밤에 도망쳐 나와 런던으로 갑니다. 런던에서 올리버는 페긴이라는 악당이 이끄는 도둑 소굴로 들어가게 됩니다. 거기서 올리버는 악인들에 의해 온갖 괴롭힘을 당합니다.

하지만 나쁜 사람들만 만난 것만은 아닙니다. 그의 이야기를 듣고, 그 말을 믿어주는 좋은 사람들을 만나기도 합니다. 그들을 통해 올리버는 자신의 아버지가 죽을 때 자신에게 남긴 막대한 유산이 있으며 그것을 차지하기 위해 악한 자들이 그동안 자신을 그토록 괴롭혀 왔다는 것을 알게 됩니다. 결국 악한 자들은 모두 죽게 되고 올리버는 아버지의 유산을 물려받습니다. 그리고 자신을 헌신적으로 도왔던 브라운로우라는 신사의 양자가 되어 훌륭한 청년으로 성장하게 됩니다.

1. 아버지의 유산을 받고 훌륭한 신사의 양자가 된 후 올리버의
   삶은 어떻게 달라졌겠습니까?

요 1:12 --

소설 속에서 올리버의 삶은 양자가 되고 난 후 극적으로 바뀝니
다. 소매치기 집단의 나쁜 사람들 속에서 못된 것들만 배우던 올
리버는 훌륭한 양아버지 밑에서 좋은 교육을 받으며 훌륭한 신사
로 거듭나게 됩니다. 우리도 마찬가지입니다. 하나님의 자녀가
되는 순간 우리의 삶은 완전히 달라지게 됩니다. 비참한 죄인의
삶에서 영광스러운 하나님의 자녀의 삶으로 바뀌는 것입니다.

○ 우리는 비참한 상태에 놓였다

2. 성경은 인간이 어떤 상태에 있다고 말씀합니까?

롬 3:23 ....

....

모든 사람은 범죄하여 하나님의 영광에 이르지 못하게 되었습니다. 거기에는 예외가 전혀 없습니다. 인간들끼리 볼 때는 고결한 의인이 있는 것처럼 보일 수 있지만 거룩하신 하나님의 시선으로 볼 때는 인간들은 누구나 예외 없이 희망 없는 죄인들일 뿐입니다.

렘 17:9 ....

....

타락의 결과 인간은 세상 그 어떤 만물보다 더욱 부패한 존재가 되었습니다. 마음 속 깊은 곳까지 부패하여 썩어 있기 때문에 인간에게는 스스로를 구원할 능력이 없습니다.

3. 타락한 인간은 어떤 증세를 보입니까?

롬 1:21-22 ....

타락한 인간은 창조주이신 하나님을 인정하지 않습니다. 그분께 영광을 돌리려 하지도 않습니다. 그 대신 자기 자신을 높입니다. 인간들은 스스로를 지혜로운 존재라고 생각하여 여러 가지 이론과 사상들을 만들어내지만 그것은 하나님이 보시기에는 어리석은 것들일 뿐입니다.

롬 1:23 ------------------------------------

타락한 인간의 어리석음을 단적으로 보여 주는 것이 우상입니다. 창조주를 거부하고 자신들의 지혜를 자랑하며 사는 인간들은 하나님이 지으신 피조물의 모양을 본떠서 우상을 만들고 그것을 신으로 받들며 살고 있습니다. 이 얼마나 어리석은 일입니까?

○ **예수님께서 우리를 위해 십자가에서 죽으셨다**

4. 하나님께서는 죄인인 우리들에 대해 어떤 마음을 가지고 계셨
   습니까?

롬 5:8 _____

_____

_____

놀랍게도 성경은 하나님을 대적하고 그에게 반항하며 사는 우리
들을 하나님께서 사랑하셨다고 말씀하고 있습니다. 예수님께서
는 우리의 죄를 위하여 십자가에 못 박혀 죽으심을 통해 우리에
대한 그분의 사랑을 확증해 주셨습니다.

요일 4:10 _____

_____

_____

십자가는 성자 예수님의 사랑만을 확증해 주는 것이 아닙니다. 본문은 성부 하나님께서 그 아들을 세상에 보내신 이유도 그분이 죄인인 우리들을 사랑하셨기 때문이라고 밝히 말씀하고 있습니다. 우리는 하나님을 배신했지만 하나님께서는 끝까지 우리를 사랑하셨습니다.

5. 그리스도께서 우리를 위하여 이루신 일들은 무엇입니까?

요 19:30 --

그리스도께서 이루신 첫 번째 일은 우리의 모든 죄를 용서해 주시기 위해 십자가에 못 박혀 죽으신 일입니다. 우리가 당해야 할 모든 저주를 예수님께서 우리 대신 친히 당해 주신 것입니다. 십자가의 고난은 우리의 죄를 용서해 주시기에 충분한 것이었습니다. 그렇기 때문에 예수님께서는 숨을 거두시기 직전에 '다 이루었다'라고 선언해 주셨습니다.

롬 4:25 ⸺⸺⸺⸺⸺⸺⸺⸺⸺⸺⸺⸺⸺⸺⸺⸺

⸺⸺⸺⸺⸺⸺⸺⸺⸺⸺⸺⸺⸺⸺⸺⸺

성부 하나님께서는 예수님의 십자가가 우리의 구원을 위해 충분하고도 완전한 것이었다는 것을 증명하시기 위해 죽음의 권세를 깨고 그분을 부활시키셨습니다. 예수님의 부활은 죄와 죽음의 권세에 대한 완전한 승리를 나타냅니다. 그렇기 때문에 예수님을 믿는 자들은 의롭다 하심을 받고 하나님의 자녀가 됩니다.

○ 하나님의 형상과 영광을 회복하는 유일한 길

6. 그리스도를 믿는 자들에게는 어떤 변화가 일어납니까?

행 2:38 ⸺⸺⸺⸺⸺⸺⸺⸺⸺⸺⸺⸺⸺⸺⸺

⸺⸺⸺⸺⸺⸺⸺⸺⸺⸺⸺⸺⸺⸺⸺⸺

⸺⸺⸺⸺⸺⸺⸺⸺⸺⸺⸺⸺⸺⸺⸺⸺

예수님을 믿으면 죄 용서함을 받습니다. 죄인은 하나님께 나아갈 수 없습니다. 그렇기 때문에 하나님이 계신 천국에 갈 수도 없습니다. 하지만 예수님을 믿으면 죄 사함을 받습니다. 예수님께서 우리의 죄를 위해 죽으셨기 때문입니다. 예수님을 믿는 자는 죄 용서함을 받고, 성령의 선물을 받고, 천국에 가게 됩니다.

고전 15:20 ────────────────────────────────────

──

예수님을 믿는 자도 언젠가는 죽습니다. 그러나 그에게는 죽음이 존재의 끝이 아닙니다. 그에게는 생명의 부활이 기다리고 있습니다. 본문은 예수님이 '잠자는 자들의 첫 열매'가 되셨다고 말씀합니다. '첫 열매'라는 것은 예수님을 믿는 자들도 역시 부활할 것이라는 사실을 보여 주는 표현입니다. 우리도 부활할 것입니다.

7. 예수님을 믿는 자들은 어떤 신분을 얻게 됩니까?

롬 8:14-15 ────────────────────────────────────

하나님의 영으로 인도함을 받는 자, 즉 하나님의 자녀들은 하나님의 양자가 됩니다. 원래 우리는 하나님을 대적하는 자로서 지옥에 갈 자들이었지만, 이제 예수 그리스도의 은혜로 말미암아 하나님의 양자가 되어 하나님의 아들, 딸로서의 신분을 누리며 세상을 살게 됩니다.

롬 8:17 ---

하나님의 자녀는 또한 하나님의 상속자입니다. 상속자는 아버지의 것을 물려 받습니다. 우리가 천국에 가서 하나님의 영광을 누리며 함께 즐거워하게 될 것입니다. 그러나 이 세상을 사는 동안에는 고난을 함께 받을 것이라고 말씀합니다. 그 고난은 우리가 누리게 될 영광과는 비교할 수 없는 것입니다.

핵심 포인트

하나님의 법을 어기고 범죄한 인간은 비참한 상태에 놓이게 되었습니다. 만물보다 부패한 존재가 되었고 하나님 없이 우상을 숭배하며 살다가 지옥에 가게 될 운명에 놓였습니다. 그러나 하나님께서는 우리를 불쌍히 여기셔서 예수님의 십자가를 허락해 주셨습니다. 이제 예수님을 믿는 사람은 죄 용서함을 받고 하나님의 자녀가 됩니다. 하나님의 자녀들은 세상을 사는 동안 하나님의 아들, 딸 즉 양자로 살게 됩니다.

한 주간 기도

하나님 아버지, 비참한 상황 속에 있던 우리를 불쌍히 여기셔서 십자가를 허락해 주신 것을 감사드립니다. 그리스도의 형상을 이루는 우리가 되게 하여 주옵소서.

한 주간의 실천

말씀의 거울로 본 나의 삶	월	화	수	목	금	토	주일
1. 십자가를 주심에 대해 감사의 기도를 드렸는가?							
2. 부활의 소망을 갖게 해 주신 것을 감사했는가?							
3. 죄의 습관에서 벗어나기 위해 노력했는가?							
4. 내가 하나님보다 더 소중하게 생각하는 우상이 있지는 않는가?							
5. 내 속에 그리스도의 형상을 이루기 위해 내가 할 수 있는 일은 무엇인가?							

3 우리가 전해야 할 복음

핵심 성경구절

"내가 너희 중에서 예수 그리스도와 그가 십자가에 못 박히신 것 외에는 아무것도 알지 아니하기로 작정하였음이라"(고전 2:2).

목회자들은 십자가와 부활의 복음을 전해야 합니다. 부활하신 예수님께서는 모든 제자에게 성경의 핵심이 예수 그리스도의 고난과 부활이라고 가르쳐 주셨습니다(눅 24:25-27, 44-49). 또한 고린도전서 2장 2절은 "내가 너희 중에서 예수 그리스도와 그가 십자가에 못 박히신 것 외에는 아무것도 알지 아니하기로 작정하였음이라"고 말씀하십니다. 예수 그리스도의 십자가와 부활은 성경의 핵심입니다. 목회자들은 십자가와 부활의 복음을 전해야 합니다.

– 『개혁주의생명신학 선언문』, 65.

○ 이기풍 목사의 회심과 전도자의 삶

이기풍 목사는 1868년 11월 21일에 평양에서 태어났습니다. 그는 서양인들을 침략자요 오랑캐로 취급하던 당시 풍조의 영향을 받았습니다. 그래서 복음을 전하던 사무엘 마펫(Samuel A. Moffett) 선교사에게 돌을 던져 그의 턱을 깨뜨리기도 했습니다. 그러던 중 꿈에 예수님을 만났는데 예수님께서는 사도 바울에게 하셨던 것처럼 "기풍아 기풍아, 너는 왜 나를 핍박하느냐?"라고 물으셨습니다. 양심의 가책을 받아 괴로워하던 이기풍은 기독교인이었던 김석필을 찾아가 상담을 했고, 그 후 선교사들을 만나 기독교인이 되었습니다. 그는 열정적으로 전도를 했고, 나중에는 평양장로회신학교에 입학하여 신학을 공부했습니다.

1907년 9월 17일, 이기풍은 평양 장대현교회에서 여섯 명과 함께 우리나라 최초로 목사 안수를 받았습니다. 이기풍 목사는 제주도 선교사로 파송을 받았습니다. 그때까지 제주도에는 교회가 없었습니다. 1908년부터 1917년까지 이어진 제주도 선교를 통해 300여 명의 사람들이 회심했습니다. 이기풍 목사는 일제의 신사 참배에 반대하다가 체포되어 모진 고문을 당했습니다. 일제는 노인을 감옥에서 죽였다는 소리를 듣지 않기 위해 그를 임시 석방했습니다. 이기풍 목사는 1942년 6월 13일 주일에 고문 후유증으로 소천하였습니다. 그는 일생을 통해 오직 십자가와 부활의 복음을 전하는 전도자의 삶을 살았습니다. 그가 가는 곳마다 예수 그리스도의 복음의 능력이 나타났으며 죽는 순간까지도 믿음의 정절을 굳게 지켰습니다.

1. 이기풍 목사가 그토록 전도에 열심을 냈던 이유는 무엇입니까?

행 20:24 _____

_____

_____

복음을 전하는 일은 하나님의 자녀들이 가장 귀중하게 생각해야 할 평생의 사명입니다. 그 사명을 완수하기 위해서라면 우리가 희생하지 못할 것이 없습니다. 왜냐하면 하나님께서 천하보다 더 귀중하게 생각하시는 것이 인간의 생명인데 복음은 영적 생명을 구하는 일이기 때문입니다. 우리는 그 귀한 일을 맡은 자들입니다.

> ○ 우리는 예수님의 십자가를 전해야 한다

2. 예수님의 십자가는 왜 필요한 것이었습니까?

히 9:22 --

죄 용서함이 없이는 천국에 가지 못합니다. 그런데 피 흘림이 없
으면 죄 사함이 없다는 것이 하나님이 세우신 법입니다. 예수님
의 십자가가 없었다면 우리는 영원히 죄 사함을 받지 못하고 지옥
에 던져졌을 것입니다.

벧전 1:18-19 ---

그런데 누구나 다 우리의 죄를 위해 죽을 자격이 있는 것이 아닙
니다. 우리의 죄를 씻어 주기 위해 피를 흘리실 자격이 있는 분은
오직 '흠 없고 점 없는 어린양 같은 그리스도' 한 분뿐이십니다.
그렇기 때문에 예수님의 십자가는 꼭 필요한 것이었습니다.

3. 우리는 왜 십자가를 전해야 합니까?

고전 1:18 --

우리가 십자가를 전해야 하는 이유는 십자가의 도가 하나님의 능
력이기 때문입니다. 십자가의 복음에는 우리의 죄를 씻는 능력이
있고, 죄인을 변화시키는 능력이 있고, 교회를 새롭게 하는 능력
이 있습니다. 십자가의 도가 모든 것을 변화시킬 수 있습니다.

고전 2:1-2 --

본문은 말과 지혜의 아름다운 것과 그리스도의 십자가를 대비시
킵니다. 복음의 능력은 인간의 논리적인 말과 지혜에서 나오는 것
이 아닙니다. 투박하게 더듬거리며 전한다 해도 예수 그리스도의

십자가의 복음을 똑바로 전할 때에 하나님의 능력이 역사합니다.

○ 우리는 예수님의 부활을 전해야 한다

4. 예수님의 부활은 왜 필요한 것이었습니까?

롬 4:25 ....

....

위의 말씀은 하나님께서 우리를 의롭다 하시기 위해 예수님께서 살아나셨다고 말씀합니다. 만약 예수님께서 십자가에 못 박히신 후 계속 죽은 채로 계셨다면 우리가 의롭다 함을 받지 못했을 것이라는 말씀입니다. 예수님께서 부활하셨기 때문에 우리는 예수님의 십자가가 우리의 죄를 씻기에 충분하다는 것을 알 수 있습니다.

고전 15:20 ....

....

위의 구절은 그리스도가 잠자는 자들의 첫 열매가 되셨다고 말씀합니다. 부활은 예수님에게만 한정된 이야기가 아니라는 것입니다. 예수님을 믿는 우리들도 예수님의 뒤를 이어 부활의 영광에 참여하게 될 것입니다. 하지만 만약 첫 열매인 예수님의 부활이 없었다면 우리의 부활도 불가능했을 것입니다.

5. 왜 우리는 예수님의 부활을 전해야 합니까?

히 2:15 ---

우리가 예수님의 부활을 전해야 하는 이유는 죽음의 공포에 매여서 사단의 종노릇을 하며 살아가는 자들에게 자유를 주기 위해서입니다. 예수님의 부활의 복음을 믿고 우리도 부활할 것이라는 사실을 알고 나면 더 이상 죽음의 공포에 매여서 살지 않게 됩니다. 복음은 참으로 기쁜 소식입니다.

계 21:1 _____

_____

우리가 예수님의 부활을 전해야 하는 궁극적인 이유는 영원한 천국이 우리를 기다리고 있기 때문입니다. 우리의 죽음은 끝이 아닙니다. 그 후에는 심판이 있고 영원한 천국과 지옥이 펼쳐집니다. 오직 예수님의 부활의 복음을 받아들인 자들만이 새 하늘과 새 땅에 참여할 수 있습니다.

○ 십자가 복음의 능력은 사람을 변화시킨다

6. 우리가 십자가의 복음을 받아들일 때 어떤 변화가 나타나게 됩니까?

행 2:36 _____

_____

_____

행 2:38

베드로가 십자가의 복음을 전파하자 사람들은 큰 관심을 보입니다. 베드로는 그들에게 만약 그들이 회개하고 예수님의 이름으로 세례를 받으면 성령의 선물을 받으리라고 선포합니다. 실제로 초대교회의 성도들은 성령 충만함을 받아 복음의 용사들이 되었습니다.

롬 6:5-6

죄인이 십자가의 복음을 듣고 회개하면 죄의 종노릇하는 데서 벗어나게 됩니다. 왜냐하면 하나님께서 성령님을 통해 능력을 주셔서 죄의 권세를 이길 힘을 주시기 때문입니다. 이전에는 인간의 힘만 가지고서 사탄의 힘과 대적할 수 없었지만, 십자가와 부활의 복음을 받아들이고 나면 성령님의 힘으로 마귀들과의 싸움에서 이기게 됩니다.

7. 복음의 능력은 어디서 나타납니까?

고전 1:17 ....

....

....

....

기독교 복음의 핵심은 십자가와 부활에 있습니다. 복음을 전하고 복음을 설교한다고 말하면서도 예수님의 십자가와 부활이 그 핵심을 이루지 않는다면 거기에는 능력이 있을 수 없습니다. 거기에는 구원의 역사가 나타날 수 없습니다. 왜냐하면 예수님의 십자가와 부활이 없는 곳에서 성령님은 역사하시지 않기 때문입니다.

행 23:6

우리는 사도 바울이 하나님의 큰 능력을 행했던 사도였다는 것을 압니다. 그는 유대인들 앞에서 자신의 모든 사역을 한마디로 요약하면서 그것은 죽은 자의 소망, 곧 부활을 전하는 것이었다고 말합니다. 십자가와 부활은 복음의 핵심이자 사도 바울의 메시지의 중심이었습니다.

NOTE

핵심 포인트

복음의 핵심은 예수님의 십자가와 부활입니다. 십자가가 없다면 우리의 죄 용서함이 없었을 것이고 부활이 없었다면 우리를 의롭다 하심이 없었을 것입니다. 기독교의 이름으로 많은 강의와 설명 심지어 설교가 전해지고 있지만 그 핵심에 십자가와 부활이 없다면 그것은 아무런 능력을 갖지 못하게 됩니다. 십자가와 부활의 복음만이 하나님이 원하시는 진짜 복음입니다. 그 복음에 죄인을 구원하는 능력이 있고, 죄인을 변화시키는 능력이 있고, 교회를 새롭게 하는 능력이 있습니다. 교회와 국가가 변화되기를 원한다면 십자가와 부활의 복음을 소리 높여 전해야 하겠습니다.

한 주간 기도

예수님의 십자가와 부활의 복음을 전해 주셔서 믿게 하시니 감사합니다. 이 복음을 믿고, 하나님께 항상 순종하는 삶을 살게 하여 주시옵소서.

한 주간의 실천

말씀의 거울로 본 나의 삶	월	화	수	목	금	토	주일
1. 십자가를 지신 주님의 사랑에 대해 묵상했는가?							
2. 죽음의 권세를 이기신 부활의 능력을 묵상했는가?							
3. 이 귀한 복음을 전하기 위해 오늘도 노력했는가?							
4. 부활을 믿지 못하는 사람들을 위해 내가 할 수 있는 일은 무엇일까?							
5. 십자가와 부활의 복음의 능력을 경험해 보기 위해서 할 수 있는 일은 무엇일까?							

4

십자가와 부활의
복음의 능력

핵심 성경구절

"십자가의 도가 멸망하는 자들에게는 미련한 것이요 구원을
받는 우리에게는 하나님의 능력이라"(고전 1:18).

"그리스도의 십자가와 부활을 통해 구원받은 그리스도인들은 그리스도의 제
자로 살아야 합니다. 그리스도를 믿는다 하면서 그의 말씀을 지키지도 않고
그의 성품을 본받지도 않고 그리스도께서 맡기신 사명에 대해서도 무관심한
것은 잘못입니다. 십자가와 부활을 통해 우리를 구원하신 하나님은 우리가
자기 마음대로 살도록 하기 위해 구원하신 것이 아닙니다. "그 은혜에 의하
여 믿음으로 말미암아" 구원받은 우리는 "그리스도 안에서 선한 일을 위하여
지으심을 받은 자"들입니다(엡 2:8, 10).

– 『개혁주의생명신학 선언문』, 69.

○ **지주와 머슴의 신분을 초월한 십자가 복음**

전라북도 김제의 금산교회를 설립한 조덕삼 장로(1867-1919)와 그 교회 2대 담임목사인 이자익 목사(1879-1958)에 관한 이야기입니다. 조덕삼은 마을의 유지였고, 이자익은 그의 집에서 마부로 일하던 머슴이었습니다. 어느 날 그 지역에서 전도를 하던 테이트 선교사에게 감명을 받은 조덕삼은 사랑채를 내어 주어 예배를 드리도록 했습니다. 이것이 금산교회입니다.

두 사람이 함께 신앙생활을 한 지 3년이 지났을 때 금산교회에서는 장로 투표를 했습니다. 그런데 머슴이었던 이자익이 주인을 제치고 장로로 선출되었습니다. 조덕삼은 진심으로 기뻐하며 머슴 이자익을 장로로 받들어 섬겼습니다. 이자익은 장로가 된 다음에 교회 강단에서 설교했고 조덕삼은 교회 바닥에 앉아 그의 설교를 들었습니다. 하지만 집에서는 이자익이 조덕삼을 주인으로 성실히 섬겼습니다. 훗날 이자익은 조덕삼의 후원으로 평양에서 신학을 공부하여 목사가 되었습니다. 십자가의 복음이 지주와 머슴이라는 신분을 초월하게 한 것입니다.

1. 복음이 한국 땅에 전해지면서 사회적으로 어떤 변화가 나타나
   게 되었는지 아는 대로 이야기해 봅시다.

요 20:18

성경에 등장하는 부활의 첫 번째 증인은 막달라 마리아 즉 여인입
니다. 당시 여인들은 법정에서 증인이 될 수도 없는 미약한 존재
였지만 예수님께서는 그녀를 부활의 첫 증인으로 세우셨습니다.
십자가의 복음이 전파되는 곳에서는 사회적 약자들의 위상이 높
아지는 일이 나타납니다.

○ 영적 생명의 역사를 일으키는 능력

2. 하나님께서 우리를 만드신 목적은 무엇입니까?

엡 2:10

하나님께서 우리를 만드신 이유는 우리로 하여금 예수님 안에서 선한 일을 하게 하려는 것이라고 성경은 말씀하고 있습니다. 그것은 하나님께서 오래 전부터 작정하신 매우 중요한 일입니다.

마 28:19-20 --------------------------------

하나님께서 원하시는 그런 선한 일을 하기 위해서는 우리 모두가 그리스도의 제자가 되어야 합니다. 예수님의 제자는 예수님이 가르치신 것들을 부지런히 배우고, 그것들을 실천하며, 또 그것들을 다른 사람들에게 가르치는 자입니다.

3. 영적 생명은 어떤 것을 통해 얻을 수 있습니까?

갈 2:20 ⋯⋯⋯⋯⋯⋯⋯⋯⋯⋯⋯⋯⋯⋯⋯⋯⋯⋯⋯⋯⋯⋯⋯⋯

⋯⋯⋯⋯⋯⋯⋯⋯⋯⋯⋯⋯⋯⋯⋯⋯⋯⋯⋯⋯⋯⋯⋯⋯⋯⋯⋯⋯

⋯⋯⋯⋯⋯⋯⋯⋯⋯⋯⋯⋯⋯⋯⋯⋯⋯⋯⋯⋯⋯⋯⋯⋯⋯⋯⋯⋯

⋯⋯⋯⋯⋯⋯⋯⋯⋯⋯⋯⋯⋯⋯⋯⋯⋯⋯⋯⋯⋯⋯⋯⋯⋯⋯⋯⋯

⋯⋯⋯⋯⋯⋯⋯⋯⋯⋯⋯⋯⋯⋯⋯⋯⋯⋯⋯⋯⋯⋯⋯⋯⋯⋯⋯⋯

그런데 성경은 참된 그리스도의 제자는 영적 생명을 가진 자라고 말씀합니다. 영적 생명은 오직 예수님의 십자가를 통해 얻을 수 있습니다. 십자가와 부활의 복음을 믿을 때 그리스도의 영적 생명으로 충만한 자가 되고, 그런 사람은 하나님의 아들을 믿는 믿음 안에서 살게 됩니다.

고전 1:18 ⋯⋯⋯⋯⋯⋯⋯⋯⋯⋯⋯⋯⋯⋯⋯⋯⋯⋯⋯⋯⋯⋯⋯

⋯⋯⋯⋯⋯⋯⋯⋯⋯⋯⋯⋯⋯⋯⋯⋯⋯⋯⋯⋯⋯⋯⋯⋯⋯⋯⋯⋯

아직 믿음이 없는 이들은 십자가의 복음을 통해 영적인 새 생명을 얻게 된다는 것이 이상한 이야기처럼 들릴 것입니다. 그러나 십자가 외에는 길이 없습니다. 복음의 핵심은 십자가와 부활입니다. 이것은 세상의 지식과 논리로는 이해가 되지 않는 일입니다. 하지만 십자가와 부활은 하나님이 정해 놓으신, 영적 생명을 얻기 위한 유일한 길입니다.

○ 교회와 사회를 새롭게 하는 능력

4. 어떻게 해야 교회가 새롭게 될 수 있습니까?

행 4:10 --

　교회가 새롭게 되기 위해서는 십자가의 복음을 전해야 합니다. 사도행전의 교회는 기회가 있을 때마다 십자가의 복음, 부활의 복음을 전했습니다. 왜냐하면 그것이 참된 복음이기 때문입니다.

십자가와 부활을 전하는 참된 복음이 전파될 때 교회가 치료되고 부흥하는 역사가 나타나게 됩니다.

골 1:20 _____

_____

_____

하나님께서는 십자가의 피로 화평을 이루셨다고 말씀합니다. 십자가의 피에는 능력이 있습니다. 싸움과 증오를 멈추게 하는 능력이 있고, 죄인들이 하나님과 화목하게 될 수 있게 만드는 능력이 있습니다. 교회 안에서 십자가와 부활의 복음이 힘 있게 전파될 때 교회는 치료되고 하나가 될 수 있습니다.

5. 어떻게 해야 사회가 새롭게 될 수 있습니까?

엡 6:1 _____

엡 6:4 _____

_____

복음으로 변화된 사람들이 하나님의 계명에 따라 살게 될 때 가
정에 변화가 일어납니다. 하나님께서는 자녀가 부모에게, 부모가
자녀에게 마땅히 행해야 할 바를 제시하고 계십니다. 다른 구절
들을 보면 남편이 아내에게 또 아내가 남편에게 어떻게 행해야 하
는지도 말씀하고 계십니다(엡 5:22-25).

엡 6:5 ....

....

엡 6:9 ....

....

....

주의 백성들이 하나님의 계명에 따라 살게 되면 가정뿐만 아니라
사회와 국가도 변하게 됩니다. 위의 말씀은 종들과 상전들이 지
켜야 할 규범에 대해 말씀합니다. 다른 곳에서는 국가와 국민의
관계에 대해서, 그리고 세금을 바치는 일에 대해서도 말씀합니다
(롬 13:1-7).

○ 복음의 능력은 성령을 통해서만 역사한다

* 복음의 능력은 성령을 통해서만 역사한다

6. 성경은 복음의 능력이 무엇을 통하여 역사한다고 말씀합니까?

슥 4:6 _____

_____

_____

_____

성경은 하나님의 역사는 반드시 성령님을 통해서만 역사하게 된다고 말씀합니다. 그것은 인간들의 어떤 힘이나 능력으로 되는 것이 아닙니다. 그것은 오직 하나님의 영으로만 이루어집니다. 다른 방법은 없습니다.

행 1:8 _____

_____

복음의 역사도 마찬가지입니다. 인간의 힘이나 열정으로 복음의 역사가 이루어지는 것이 아닙니다. 오직 성령이 우리에게 임하시면 비로소 우리가 권능을 받게 되고 그 후에야 하나님의 역사가 이루어지게 됩니다. 그러므로 우리는 겸손히 성령의 역사하심을 사모하며 기다려야 합니다.

7. 십자가의 복음의 능력을 드러내기 위해 성도 개개인은 어떻게 살아야 합니까?

갈 5:16

우리가 십자가의 복음의 능력을 드러내기 위해서는 성령을 따라 행해야 합니다. 성령을 따라 행하는 것의 반대는 육체의 소욕을 따라 행하는 것입니다. 우리는 인간의 욕심에서 나오는 모든 악한 것을 거부하고, 오직 성령의 이끄심에 따라 성령을 따라 행하는 삶을 살아야 합니다.

행 2:4 --

초대교회의 시작은 성령이 말하게 하심을 따라 방언을 말하는 것
이었습니다. 초대교회의 성도들은 성령의 역사하심에 자신을 맡
겼고, 자신을 성령의 도구로 내어놓았습니다. 그럴 때 무수한 자
들이 회개하고 하나님께로 돌아오는 놀라운 역사가 일어났습니
다. 십자가와 부활의 복음이 교회와 세상을 변화시키기 위해서는
성령의 역사하심이 있어야 합니다.

NOTE

예수님의 십자가와 부활의 복음에는 영적 생명을 일으키는 능력과 교회를 새롭게 하는 능력이 있습니다. 그러므로 우리는 다른 것이 아니라 십자가와 부활의 순수한 복음을 전해야 합니다. 그런데 성경은 복음의 능력은 인간의 어떤 열심이나 능력이 아니라 성령을 통해 나타나는 것이라고 말씀합니다. 그러므로 우리는 겸손한 마음으로 성령 충만을 사모해야 합니다.

한 주간 기도

십자가와 부활의 복음으로 말미암아 교회가 변화되고 사회가 변화되고 모든 것이 변화될 수 있을 줄 믿습니다. 우리에게 성령의 충만함을 주옵소서.

한 주간의 실천

말씀의 거울로 본 나의 삶	월	화	수	목	금	토	주일
1. 한국교회의 지도자들을 위해 기도했는가?							
2. 십자가와 부활의 능력에 대해 묵상했는가?							
3. 성령 충만을 받기 위해 노력했는가?							
4. 십자가와 부활의 복음을 더 잘 전하기 위해 내가 할 수 있는 일이 무엇일까?							
5. 복음 때문에 내 주변에서 일어난 변화에는 어떤 것들이 있을까?							

2. 오직 그리스도

십자가와
부활의 삶

종교개혁시대 '오직 그리스도'의 의미는 그리스도만이 우리의 중보자로서 십자가를 지고 부활하였기 때문에, 마리아나 어떤 사제도 우리의 구원과 기도의 중보자가 될 수 없다는 의미였습니다. '선언문'에서는 예수 그리스도를 주로 고백하는 사람들은 십자가와 부활을 받아들이는 것뿐 아니라, 십자가와 부활의 삶을 살아야 한다고 고백합니다. 우리의 옛 자아를 십자가에 못 박고 예수 그리스도가 주시는 새로운 생명 안에서 살아야 합니다.

'오직 그리스도'(solus Christus)라는 말은 예수 그리스도만이 하나님과 우리 사이의 중보자가 되시며 우리의 구원자가 되신다는 것입니다. 즉 예수 그리스도만이 영생을 얻기 위한 유일한 길임을 선언하는 것입니다. 중세교회는 하나님과 우리 죄인들 사이에 예수 그리스도 이외의 중보자들을 인정하였습니다. 성인들의 능력에 믿음을 두고 교회의 성례들을 남용하였습니다. '오직 그리스도'만이 하나님과 인간 사이를 화목하게 한다는 절대 진리를 흐리게 만들었습니다. 종교개혁 전에 그리스도는 성도들의 관심 밖으로 밀려났습니다. 마틴 루터는 "중심은 그리스도다"라고 말하면서 주님이 차지하셔야 할 자리를 다시 회복시켰습니다. 개혁주의생명신학은 중심 되신 그리스도, 주님의 인격과 사역에 초점을 둡니다.

1. 예수 그리스도만이 구원의 유일한 길이다

예수 그리스도는 구원의 유일한 길입니다. 하나님은 우리에게 그리스도 외에 구원받을 만한 다른 이름을 주시지 않으셨습니다(행 4:12). 철학과 종교, 과학과 문화, 그 무엇도 우리를 죄와 사망으로부터 구원할 수 없습니다. '오직 그리스도'를 부정하는 종교혼합주의와 종교다원주의는 잘못된 사상입니다. 하나님과 사람 사이의 유일한 중보자는 예수 그리스도이십니다(딤전 2:5).

예수 그리스도로 말미암은 하나님의 구원은 십자가와 부활을 통해 나타났습니다. 모든 사람은 범죄하여 하나님의 영광에 이르지 못하게 되었습니다(롬 3:23). 우리의 마음이 어두워지고 어리석게 되어 하나님께 감사와 영광을 돌리지 않고 도리어 하나님의 영광을 썩어질 우상으로 바꾸었습니다(롬 1:21-23). 만물보다 부패한 것이 인간의 마음입니다(렘 17:9). 하지만 하나님께서는 우리가 아직 죄인 되었을 때 우리를 사랑하셔서 독생자 예수 그리스도를 화목제물로 내어 주셨습니다(롬 5:8; 요일 4:10). 예수 그리스도께서는 하늘의 영광된 보좌를 비워 두시고 이 땅에 오셔서 십자가에 죽기까지 하나님의 뜻에 순종하셨습니다(빌 2:6-8). 예수 그리스도는 십자가에서 구원 사역을 다 이루시고(요 19:30), 사흘 만에 부활하심으로 부활의 첫 열매가 되셨습니다(고전 15:3-4; 15:20). 예수 그리스도께서는 십자가에서 우리 죄를 사하셨고, 부활을 통해 우리를 의롭게 하신 것입니다(롬 4:25). 이것이 십자가와 부활의 복음입니다. 예수 그리스도의 십자가와 부활의 복음을 전하고 믿을 때, 영혼이 살아나고 교회의 영적 생명력이 회복됩니다.

중세교회는 하나님과 사람 사이에 마리아와 성인, 그리고 사제들을 추가했습니다. 예수님 외에도 하나님께로 나아갈 수 있는 다른 길이 있다고 말했습니다. 종교개혁자들은 이에 대해 '오직 그리스도'를 외쳤습니다.

오늘날에도 사람들은 '오직 그리스도'를 부인하고 상대적이고 다원적인 여러 사상에 문호를 개방하는 것을 당연시하고 있습니다. 이런 시대에 종교개혁자들이 외쳤던 '오직 그리스도'를 다시 한번 강조해야 합니다. 하나님과 사람 사이의 유일한 중보자는 예수 그리스도이십니다. 예수님께서는 "내가 곧 길이요 진리요 생명이니 나로 말미암지 않고는 아버지께로 올 자가 없느니라"(요 14:6)고 말씀하셨습니다. 우리를 죄와 사망의 권세로부터 구원하실 수 있는 분은 오직 예수 그리스도이십니다. 하나님은 우리에게 그리스도 외에 구원받을 만한 다른 이름을 주시지 않았습니다.

2. 십자가와 부활의 복음을 전해야 한다

목회자들이 십자가와 부활의 복음을 전해야 합니다. 부활하신 예수님께서는 모든 제자에게 성경의 핵심이 예수 그리스도의 고난과 부활이라고 가르쳐 주셨습니다(눅 24:25-27, 44-49). 또한 고린도전서 2장 2절은 "내가 너희 중에서 예수 그리스도와 그가 십자가에 못 박히신 것 외에는 아무것도 알지 아니하기로 작정하였음이라"고 말씀하십니다. 예수 그리스도의 십자가와 부활은 성경의 핵심입니다. 목회자들은 십자가와 부활의 복음을 전해야 합니다.

오늘날 한국교회의 강단에서는 더 이상 십자가와 부활을 전하지 않습니다. 고난주간, 부활절 절기 설교로 끝냅니다. 십자가와 부활을 설교한다고 해도, 예수님께서 실제로 십자가에서 죽으시고, 무덤에서 실제로 부활하신 것을 믿지 않습니다. 그리고 예수님께서 왜 십자가에서 죽으셔야 했는지, 왜 십자가가 하나님의 능력과 영광인지를 전하기보다, 그저 헌신적인 한 인간의 죽음인 것처럼, 인간의 상식으로 볼 때 매우 본받을 만한 존재인 것처럼, 십자가의 복음을 약화시키고 있습니다.

부활도 마찬가지입니다. 사망에 종노릇하는 우리에게 영원한 생명을 주시기 위해 예수 그리스도께서 죽음의 권세를 깨고 살아나셨다는 사실보다, 삶에 희망과 용기를 주는 것이 부활이라고 말합니다. 하나님의 말씀보다 세상 지식을 더 말해야 사람들이 설교를 듣고 감동받는다고 생각하기 때문입니다. 십자가와 부활의 복음 대신, 윤리적 교훈과 인간적 열심, 그리고 기복신앙이 한국교회를 가득 채우게 되었습니다. 그 결과 교회의 참된 생명력이 약화되었습니다.

목회자를 길러내는 신학자들도 마찬가지입니다. 십자가와 부활을 가르치지만 자신들은 정작 믿지 않습니다. 십자가와 부활이 가진 신학적 의미를 심오하게 가르치는 것 같지만, 예수님께서 실제로 십자가에서 죽으시고 무덤에서 부활하셨다는 사실을 믿지 않는 신학자들이 많은 것 같습니다. 이러한 가르침을 받는 학생들을 통해 복음의 능력이 나타날 수 없습니다. 신학자들은 학생들에게 영혼을 살리는 예수 그리스도의 생명의 복음을 전해야 합니다. 영혼 구원의 사역은 인간의 머리로 되는 것이 아니라, 오직 하나님의 능력으로만 가능하다는 것을 가르치고 전해야 합니다. 예수님의 생명을 가진 신학자가 예수님의 생명을 전해 줄 수 있습니다.

십자가와 부활의 복음을 성경대로 선포할 때 성도들과 신학생들에게 성령의 역사가 일어납니다. 참된 회개가 일어납니다. 십자가와 부활의 신앙이 바로 서야 영혼이 살아나고, 교회가 살아납니다.

십자가와 부활의 복음을 전하지 않는 이유는 목회자들과 신학자들이 십자가와 부활의 복음이 가진 능력을 믿지 않기 때문입니다. 목회자들이 십자가 복음이 가진 놀라운 능력을 확신하지 못하고 있습니다. 그러나 십자가와 부활의 복음을 통해서만 영혼이 구원을 받고, 교회가 영적 생명을 회복할 수 있습니다. 십자가와 부활의 복음은 하나님의 능력이요 하나님의 지혜입니다. 하나님의 어리석음이 사람보다 지혜롭고 하나님의 약하심이 사람보다 강합니다(고전 1:23-25).

오늘의 한국교회는 그리스도의 영적인 생명력을 회복해야 합니다. 하나님의 말씀을 전하는 설교의 중심에 예수 그리스도의 생명의 복음이 회복되어야 합니다. 오늘 한국교회의 강단에서 그리스도의 십자가와 부활의 복음이 현저하게 사라지고 있는 상황을 보면 매우 안타깝습니다. 사람들은 세상의 지식이나 윤리나 도덕을 듣기 위해 교회에 오지 않습니다. 죄로 인하여 죽을 수밖에 없는 우리 인생들에게 가장 필요한 것은 현란한 수사로 가득한 설교가 아닙니다. 바로 예수 그리스도의 생명의 복음입니다. 예수님은 "살리는 것은 영이니 육은 무익하니라"(요 6:63)고 말씀하십니다. 개혁주의생명신학은 예수 그리스도의 피 묻은 십자가의 복음이 교회 강단에서 회복되기를 힘쓰는 신앙운동입니다.

어떤 사람들은 오늘의 한국교회의 문제점으로 윤리적 실천이 없음을 지적하기도 합니다. 어떤 사람들은 한국교회의 문제점으로 거룩과 세속의 영역을 구별하는 잘못된 이원론을 들기도 합니다. 이러한 지적들은 다 타당하고 그럴듯한 지적임을 인정합니다. 하지만 개혁주의생명신학은 이 모든 지적들이 문제의 진정한 핵심이라기보다는 주변적인 것이라 생각합니다. 바로 교회가 예수 그리스도의 생명의 복음을 바르게 전하지 못했기 때문에 빚어진 결과입니다. 설교 가운데 그리스도의 생명이 회복될 때 한국교회에 소망이 있습니다. 이러한 그리스도의 생명이 전해지는 설교는 성령의 역사하심과 도우심이 없이는 불가능합니다. 먼저 설교자 자신이 예수 그리스도의 생명으로 충만하고 성령 충만할 때 그리스도의 생명을 나누는 일이 일어납니다.

3. 십자가와 부활의 삶을 살아야 한다

그리스도의 십자가와 부활을 통해 구원받은 그리스도인들은 그리스도의 제자로 살아야 합니다. 그리스도를 믿는다 하면서 그의 말씀을 지키지도 않고 그의 성품을 본받지도 않고 그리스도께서 맡기신 사명에 대해서도 무관심한 것은 잘못입니다. 십자가와 부활을 통해 우리를 구원하신 하나님은 우리가 자기 마음대로 살도록 하기 위해 구원하신 것이 아닙니다. "그 은혜에 의하여 믿음으로 말미암아" 구원받은 우리는 "그리스도 안에서 선한 일을 위하여 지으심을 받은 자"들입니다(엡 2:8, 10). 예수 그리스도께서 우리를 대신하여 십자가에서 죽으신 이유는 모든 불법에서 우리를 건져 주시고, 우리를 깨끗하게 하셔서 선한 일을 열심히 하는 하나님의 백성이 되게 하시기 위해서입니다(딛 2:14; 딤전 6:18). 십자가와 부활의 복음을 믿는 자는 삶의 열매를 맺습니다.

십자가와 부활의 삶을 살기 위해서는 복음으로 말미암은 영적 생명의 역사가 일어나야 합니다. 갈라디아서 2장 20절은 "내가 그리스도와 함께 십자가에 못 박혔나니 그런즉 이제는 내가 사는 것이 아니요 오직 내 안에 그리스도께서 사시는 것이라 이제 내가 육체 가운데 사는 것은 나를 사랑하사 나를 위하여 자기 자신을 버리신 하나님의 아들을 믿는 믿음 안에서 사는 것이라"고 말씀하십니다.

예수님께서 내 안에 사셔야 합니다. 그런데 예수님께서 내 안에 사시기 위해서는 먼저 내가 그리스도와 함께 십자가에 못 박혀야 합니다. 내 자아가 죽어야 합니다. 날마다 내 자아가 죽어야 예수님께서 내 안에 사십니다. 내가 죽고 그리스도께서 내 안에 사시는 영적 생명의 역사가 일어나야 내 것을 내려놓을 수 있습니다. 자존심과 고집을 꺾고, 사랑과 용서의 길로 나아갈 수 있습니다. 이러한 영적 생명의 역사는 십자가 복음으로만 가능합니다. 예수님께서 우리를 살리시기 위해 어떠한 고난을 감당하셨는지, 가슴 깊이 체험해야 합니다. 그래야 내가 죽습니다. 십자가의 복음을 들어야 내가 죽습니다. 내가 죽어야 비로소 예수님께서 내 안에 사십니다.

예수님께서 내 안에 사시면, 나의 명예와 영광보다 예수님을 높이는 삶을 살게 됩니다. 요한복음 1장 26-27절은 세례 요한의 삶을 이렇게 말씀하십니다. "요한이 대답하되 나는 물로 세례를 베풀거니와 너희 가운데 너희가 알지 못하는 한 사람이 섰으니 곧 내 뒤에 오시는 그이라 나는 그의 신발 끈을 풀기도 감당하지 못하겠노라 하더라." 즉, 예수님을 높이고, 예수님의 영광을 위해 살아가는 것입니다.

오늘날 한국교회는 예수님보다 자신의 이름을 드러내는 것을 좋아합니다. 예수님의 영광보다는 자신의 명예와 부를 추구합니다. 십자가와 부활의 삶을 살지 못하고 있는 것입니다. 그래서 교회 안에서는 서로를 미워하고, 교단들은 하나 되지 못하며, 분열을 거듭하고 있습니다. 에베소서 2장 13절은 "이제는 전에 멀리 있던 너희가 그리스도 예수 안에서 그리스도의 피로 가까워졌느니라"고 말씀하십니다. 미움과 멸시로 멀리 있던 이방인과 유대인이 가까워진 비결이 바로 '그리스도 예수 안에' 있다는 것입니다. '그리스도의 피'로 하나 될 수 있습니다. 에베소서 2장 14절도 "그는 우리의 화평이신지라 둘로 하나를 만드사 원수 된 것 곧 중간에 막힌 담을 자기 육체로 허시고"

라고 말씀하십니다.

유대인과 이방인, 더 나아가 우리 사이를 갈라놓은 막힌 담을 헐어 버릴 수 있는 것은 십자가를 지신 예수님뿐입니다. 골로새서 1장 20절에서도 "그의 십자가의 피로 화평을 이루사 만물 곧 땅에 있는 것들이나 하늘에 있는 것들이 그로 말미암아 자기와 화목하게 되기를 기뻐하심이라"고 말씀하셨습니다. 화평을 이루는 분은 십자가를 지신 예수님입니다. 예수님의 보혈로 하나 될 수 있습니다. 한국교회의 가장 심각한 문제들 중 하나인 분열을 해결하기 위해서는 십자가와 부활의 복음이 회복되어야 합니다. 이를 위해서는 예수님께서 내 안에, 내가 예수님 안에 살아야 합니다. 그래야 미움과 분열을 넘어 예수님의 이름을 높이는 십자가와 부활의 삶을 살 수 있습니다.

예수님께서 내 안에 사시는 영적 생명의 역사는 오직 성령으로만 가능합니다.

십자가와 부활의 삶은 '자기희생'입니다. 자기의 욕심을 부인하고 날마다 자기 십자가를 지고 예수님을 따라가는 것입니다(눅 9:23). 그러나 십자가를 지는 삶은 우리 힘으로 가능하지 않습니다. 자기 부인도 우리 힘으로 할 수 없습니다. 성령을 따라 행해야 합니다(갈 5:16). 성령님의 지배를 온전히 받는 삶, 그것이 성령 충만입니다.

십자가와 부활의 삶은 세상에서 예수 그리스도의 증인으로 살아가는 것입니다. 말과 행위로 예수 그리스도를 증거하는 삶입니다. 그러나 이것도 우리의 힘으로 할 수 없습니다. 예수님께서는 제자들을 세상으로 보내시면서 "성령을 받으라"고 하십니다(요 20:21-22). 하늘로 승천하시기 전에도 성령이 임하시면 권능을 받아 땅 끝까지 예수님의 증인이 된다고 말씀하셨습니다(행 1:8). 힘으로도, 능으로도 안 되고, 오직 하나님의 영으로만 가능합니다(슥 4:6). 성령을 받아야만 십자가와 부활의 삶을 살 수 있습니다.

성령 충만을 받기 위해서는 하나님께 간절히 기도해야 합니다. 예수님께서는 하나님께 기도하는 자에게 성령을 주신다고 약속하셨습니다(눅 11:13). 목회자와 신학자들이 먼저 기도의 사람이 되어야 합니다. 기도해야 성령 충만할 수 있고, 성령 충만해야 영적인 말씀의 지배를 받아 생명력 있는 목회를 할 수 있고, 교회를 살리는 영적 지도자를 길러 낼 수 있습니다.

십자가와 부활의 복음을 믿고 전해야 한국교회는 영적 생명을 회복할 수 있습니다. 오직 기도함으로 성령의 충만함을 받아 십자가와 부활의 삶을 살아야 예수 그리스도의 증인의 삶을 살 수 있습니다. 여러분이 기도성령운동으로 성령 충만함을 받아, 영혼을 살리고, 교회를 새롭게 하는 생명력 있는 사역자가 되어야 합니다.

신학교에서의 교육도 달라져야 합니다. 신학자들이 학문으로서의 신학을 가르치는 것이 아니라 먼저 신학자들 자신이 그리스도의 생명으로 충만하여 학생들을 가르쳐야 합니다. 그렇게 길러진 신학생들이 복음의 최전선에 나가 생명력 있는 목회 사역을 감당할 수 있을 것입니다. 그런 의미에서 개혁주의생명신학을 통하여 잘못된 신학교

육의 관행을 바꾸고, 오직 그리스도의 영으로 충만한 목회자를 길러
내는 일에 힘쓰고자 합니다.

5대솔라 성경공부 2
개혁주의생명신학 선언문
오직 그리스도